全国技工院校新能源汽车检测与维修专业（中 / 高级技能层级）

新能源汽车概论
习题册

主　编　李辉学
副主编　马　强

中国劳动社会保障出版社

简介

本习题册是全国技工院校新能源汽车检测与维修专业教材（中 / 高级技能层级）《新能源汽车概论》的配套用书。习题册内容紧扣教材的教学要求，注重基础知识的巩固和基本能力的培养，知识点分布均衡，题型丰富，难易适当，有助于学生复习巩固所学知识。

本习题册由李辉学任主编，马强任副主编，成志鹏、张燕灵、朱闯、张彦、王建、王陈、陈科举、朱昊、刘斌、叶国美、孙继凯、朱玲、缪广开、赵祥、盛媛媛参与编写。

图书在版编目（CIP）数据

新能源汽车概论习题册 / 李辉学主编. -- 北京：中国劳动社会保障出版社，2020
全国技工院校新能源汽车检测与维修专业. 中 / 高级技能层级
ISBN 978-7-5167-4594-6

Ⅰ. ①新…　Ⅱ. ①李…　Ⅲ. ①新能源-汽车-技工学校-习题集　Ⅳ. ①U469.7-44

中国版本图书馆 CIP 数据核字（2020）第 110125 号

中国劳动社会保障出版社出版发行
（北京市惠新东街 1 号　邮政编码：100029）
*
北京昌联印刷有限公司印刷装订　　新华书店经销
787 毫米 × 1092 毫米　16 开本　4.25 印张　70 千字
2020 年 7 月第 1 版　　2025 年 6 月第 11 次印刷
定价：9.00 元

营销中心电话：400-606-6496
出版社网址：http://www.class.com.cn
http://jg.class.com.cn

目　录

模块一
新能源汽车概述

课题一　认识新能源汽车

一、填空题

1. 新能源汽车是指采用____________________，完全或主要依靠______________驱动的汽车。《节能与新能源汽车产业发展规划（2012—2020年）》中所指的新能源汽车主要包括____________________、插电式混合动力汽车及________________________。

2. 纯电动汽车由________________________、驱动力传动等机械系统，以及完成既定任务的工作装置等组成。

3. 混合动力电动汽车主要由发动机、__________________、驱动电机、______________________、变速器等组成。

4. 燃料电池电动汽车分为________________________和________________________两种。

5. 新能源汽车号牌增加________标志，标志整体以______色为底色，寓意电动、新能源，在绿色圆圈中右侧为电插头图案，左侧彩色部分与英文字母“E”（Electric，指“电”）相似。

6. 新能源汽车号牌按照不同车辆类型实行分段管理，字母__________代表纯电动汽车，字母__________代表非纯电动汽车（包括混合动力电动汽车和燃料电池电动汽车等）。

7. 纯电动汽车（BEV，Battery Electric Vehicle）是指驱动能量完全由________提供

的、由________驱动的汽车。电机的驱动电能来源于__________________或其他能量储存装置。

8. 混合动力电动汽车（HEV，Hybrid Electric Vehicle）是指能够至少从________车载储存的能量中获得________的汽车，即可消耗的燃料和可再充电能/能量储存装置。

9. 燃料电池电动汽车是指以____________作为单一动力源或者是以燃料电池系统与______________作为混合动力源的电动汽车。

二、选择题

1. 目前，国内普遍采用国家标准《电动汽车术语》（GB/T 19596—2017）对电动汽车进行分类，将电动汽车分为纯电动汽车、（　　）和燃料电池电动汽车三大类。

A. 增程式电动汽车　　B. 可外接充电式混合动力汽车

C. 混合动力电动汽车　　D. 不可外接充电式混合动力汽车

2. 纯电动汽车与内燃机汽车相比，取消了发动机，（　　）是纯电动汽车的核心，也是与内燃机汽车的最大不同点。

A. 动力蓄电池　　B. 车载电源

C. 电力驱动及控制系统　　D. 驱动电机

3. 上汽荣威 ei6 属于（　　）汽车。

A. 混合动力电动　　B. 纯电动

C. 燃料电池电动　　D. 燃油

4. 以下（　　）不是混合动力电动汽车的优点。

A. 节油效果好　　B. 续航能力强

C. 保养费用低　　D. 可选车型多

5. 新能源汽车号牌的外廓尺寸为（　　）。

A. 480 mm × 140 mm　　B. 480 mm × 150 mm

C. 500 mm × 140 mm　　D. 500 mm × 150 mm

6. 下列新能源汽车号牌中，属于纯电动小型新能源汽车号牌的是（　　）。

A.

B.

C. 

D. 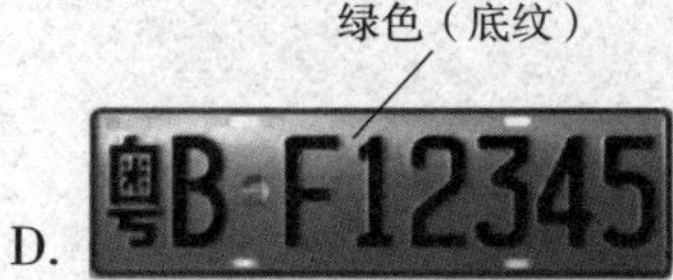

三、判断题

1. 虽然混动车型的保养费用与汽油版车型相同，但维修费用会高很多，尤其是动力蓄电池，一旦过质保期后损坏，更换价格昂贵。 ( )

2. 纯电动汽车在性能方面特点突出，加速性能强，这主要归功于电动机的性能。但考虑到电池的性能及成本，在负荷较大的场合，一般不使用纯电动汽车。 ( )

3. 与传统内燃机汽车相比，燃料电池电动汽车提高了燃油经济性、减少了机油泄漏带来的水污染、降低了发动机燃烧效率。 ( )

四、简答题

1. 简述新能源汽车的定义，并说出新能源汽车的类型。

2. 简述混合动力电动汽车的分类。

3. 简述新能源汽车号牌的样式及主要特点。

五、综合题

1. 根据下图写出纯电动汽车各组成部分的名称。

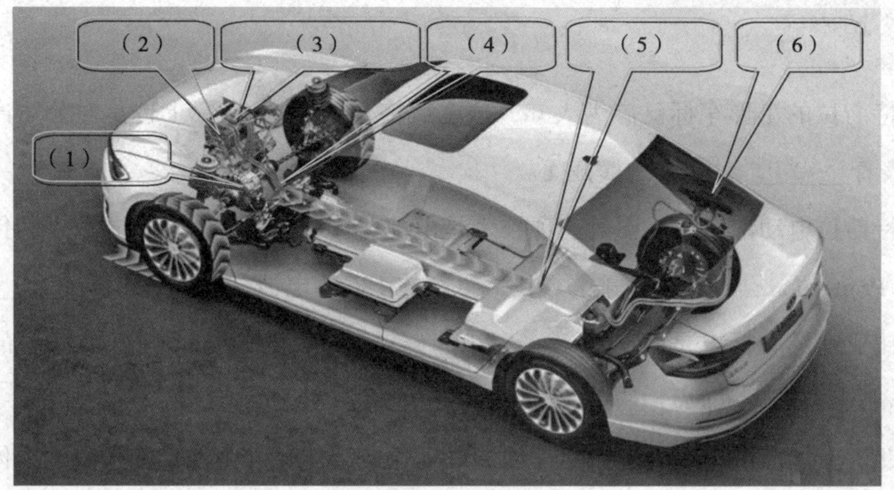

(1)________________(2)________________(3)________________

(4)________________(5)________________(6)________________

2. 根据下图写出混合动力电动汽车各组成部分的名称。

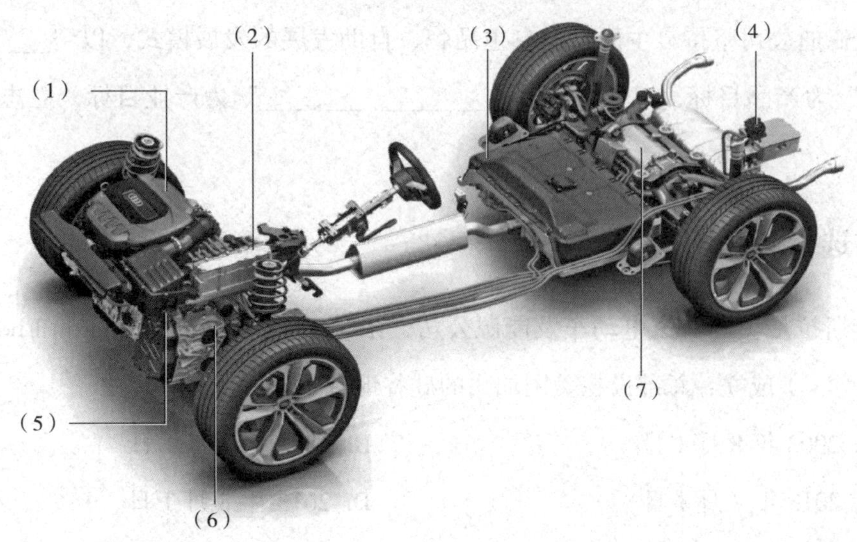

(1)________________(2)________________(3)________________

(4)________________(5)________________(6)________________

(7)________________

课题二　新能源汽车代表品牌

一、填空题

1. 特斯拉的T形车标已广为人知，这个风格化的“T”实际上也是对公司产品的暗示，代表着______________的横截面。

2. 特斯拉电动汽车最主要的三项技术是电池、________和__________，其传动技术来自AC Propulsion公司，电池采购自松下生产的18650电池，电机采购自____________。

3. 比亚迪品牌标志是由__________和____________组成的。字母“BYD”的意思是“Build Your Dreams”，即为______________。

4. 北汽新能源汽车致力于为用户创造电动化、智能化、个性化的极致驾乘体验，其车型主要有______系列、EU系列、EC系列和__________四大系列。

5. 传祺____________是广汽新能源最典型的车型，以60 km/h等速行驶的最长续航里程为530 km，NEDC综合工况下续航里程为410 km，搭载高能量密度为160 Wh/kg的电池系统，电池容量提升至______kWh，百公里电耗同级最低为14.7 kWh。

6. 比亚迪公司坚持自主研发、自主品牌、自助发展的发展模式，以“____________________”为产品目标，以“________________________”为产业目标，立志振兴民族汽车产业。

二、选择题

1. 特斯拉是美国一家电动车及能源公司，由马丁·艾伯哈德（Martin Eberhard）工程师于（　　）成立，总部设在美国加州的硅谷地带。

A. 2003年8月1日　　B. 2003年7月1日

C. 2013年7月1日　　D. 2013年8月1日

2. 丰田普锐斯于1997年10月问世，是丰田汽车公司的一款（　　）汽车。

A. 油电混合动力　　B. 纯电动

C. 插电式混合动力　　D. 燃料电池电动

3. 日产聆风为五门五座掀背式轿车，由层叠式紧凑型锂离子电池驱动，在完全充电的情况下可实现（　　）km 以上的续航里程。

A. 400　　　　B. 600

C. 500　　　　D. 300

4. 荣威（ROEWE）品牌标志以（　　）三个主要色调构成，整体结构是一个稳固而坚定的盾形，暗寓其产品可信赖的尊贵品质，及上海汽车自主创新、国际化发展的坚定决心与意志。

A. 红、白、金　　　　B. 绿、黑、金

C. 红、黑、黄　　　　D. 红、黑、金

三、判断题

1. 特斯拉汽车公司以伟大的物理学家尼古拉·特斯拉命名，专门生产纯电动汽车，是世界上第一个采用锂离子电池量产电动汽车的公司，其主要车型包括 Tesla Roadster、Tesla Model S 和 Tesla Model X。（　　）

2. 丰田普锐斯的油耗低，环保性能好，适合在山区使用。（　　）

3. Tesla Roadster 是全球首款量产版电动敞篷跑车，也是第一辆使用锂电池技术可使续航里程达 320 km 以上的电动汽车。（　　）

4. BEIJING 品牌是北汽集团整合旗下北汽新能源和北京汽车的产品与技术资源全力打造的核心品牌，代表北汽“高、新、特”战略中的“新”字主力军，将以新能源、新技术为核心，推动北汽自主乘用车业务全面创新发展，开启北汽集团自主发展新篇章。（　　）

5. 吉利标识内由六块宝石组成，蓝色宝石代表蔚蓝的天空，绿色宝石寓意广阔的大地，双色宝石的组合象征着吉利汽车驰骋天地之间，走遍世界的每个角落。（　　）

四、简答题

1. 简述特斯拉 Model S 车型的特点。

2. 为了最大限度地提升日产聆风的续航里程，日产公司在节能方面做了哪些工作？

3. 比亚迪公司新能源汽车典型车型有哪些？

五、综合题

1. 根据下图所示品牌标识填写品牌名称。

（1）________________

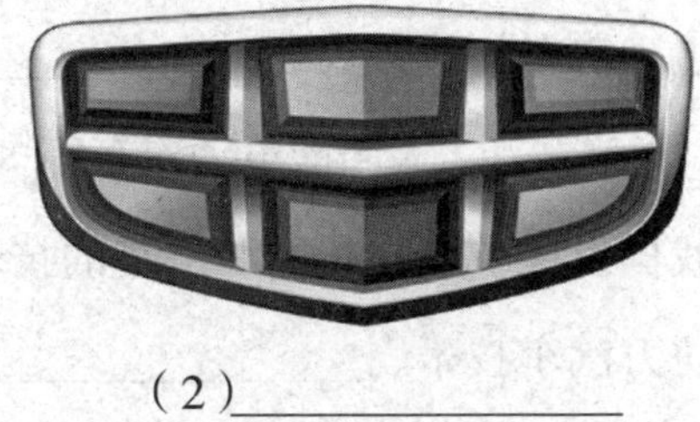

（2）________________

（3）________________

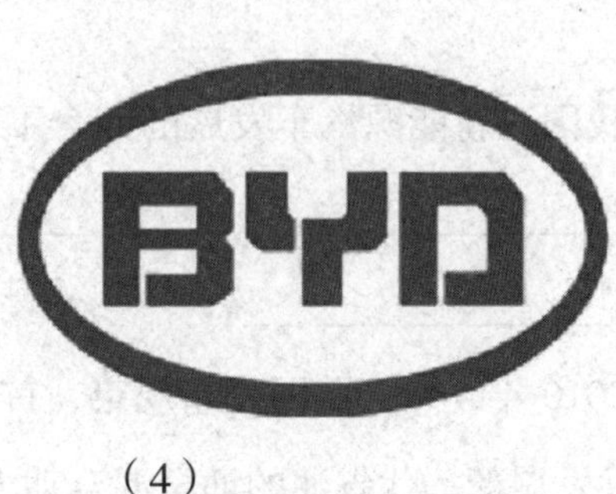

（4）________________

2. 家里计划花 15 万元购买一辆新能源汽车，请你帮忙推荐一款车型，并说明理由。

课题三　新能源汽车发展概况

一、填空题

1. 汽车产业“新四化”是指__________、智能化、__________和共享化。

2. 电动汽车的种类从最初的__________发展到了今天包括混合动力电动汽车、______________________、太阳能电动汽车等多种类型的电动汽车。

3. 我国发展节能与新能源汽车的技术战略已形成“三纵三横”的布局。“三纵”是指混合动力汽车技术、____________________和氢燃料汽车技术同步发展作为不同阶段的产业化目标。“三横”是指以电池及电池管理系统、__________________________、__________________________为重点突破方向，它是实现不同阶段产业化目标的技术基础。

4. 我国对新能源汽车发展的四个不变原则：国家发展新能源汽车战略不变；____________________________________；确定的节能与新能源汽车的规划目标不变、_______________________。

5. 2010 年 4 月，美国公布规定，首次为新轿车和轻型货车订立温室效应气体排放标准，鼓励发展新一代省油的油电混合动力汽车、效率更高的发动机和________________。

6. 日本在混合动力电动汽车技术领域领先于世界，以________________为代表的日本混合动力电动汽车，在世界低污染汽车开发及销售领域已经占据了领头地位。

7. 2008 年，电动汽车在国内已呈全面出击之势，______________、____________、长安等汽车生产企业在各大国际车展上频频亮相，展出了自主研发的燃料电池电动汽车及混合动力电动汽车。

8. 2012 年 5 月，国家通过《节能与新能源汽车产业发展规划（2012—2020 年）》，明确提出了实施_______________________、科学规划产业布局、________________________、积极推进充电设施建设、加强动力蓄电池梯级利用和回收管理五大任务。

9. 目前，动力蓄电池关键材料国产化进程加快，性能指标稳步提升，成本明显__________。

二、选择题

1.（　　）年，美国人托马斯·达尔波特制造了不可充电的干电池驱动的电动三轮车，虽然行驶距离短，但获得了美国机电行业的第一个专利。

A. 1834　　B. 1835

C. 1836　　D. 1838

2.（　　）年，英国人罗伯特·戴维森制造了第一辆由干电池供电的电动汽车。

A. 1834　　B. 1835

C. 1836　　D. 1838

3.（　　）年，我国电动汽车研究项目被列入国家“883”计划 12 个重大专项之一。

A. 1997　　B. 1998

C. 1999　　D. 2000

4.（　　）年，在《中国制造 2025》中将新能源汽车制造定义为国家战略，为了规范新能源汽车的发展，颁布实施《新建纯电动乘用车企业管理规定》。

A. 2014　　B. 2015

C. 2016　　D. 2017

5.（　　）年 1 月，美国提出在未来 10 年内将汽油使用量降低 20%，进口石油的量削减 3/4，鼓励以混合动力电动汽车为代表的其他新能源汽车的使用。

A. 2004　　B. 2005

C. 2006　　D. 2007

6. 全球首款量产的混合动力电动汽车普锐斯在（　　）年推出。

A. 1995　　B. 1996

C. 1997　　D. 1998

7. 日本从（　　）年 4 月 1 日起实施“绿色税制”，规定购买纯电动汽车、混合动力电动汽车可享受税收减免优惠。

A. 2008　　B. 2009

C. 2010　　D. 2011

三、判断题

1. 美国人法莫制造了世界上第一辆以铅酸蓄电池为动力的电动三轮车。（ ）
2. 德国人费迪南德·波尔舍制造了世界上第一台混合动力汽车。（ ）
3. 2000 年开始，我国逐步确立了“三纵三横”电动汽车发展格局。（ ）
4. 20 世纪 90 年代后期，法国开始推广电动汽车和天然气汽车。（ ）
5. 发展新能源汽车是我国从汽车大国迈向汽车强国的必由之路。（ ）

四、简答题

1. 我国新能源汽车补贴政策有哪些？

2. 简述新能源汽车的技术发展方向。

3. 简述我国新能源汽车的发展历程。

模块二
电动汽车“三电”系统

课题一　动力蓄电池

一、填空题

1. 对新能源汽车动力蓄电池的要求主要有比能量高、__________、充放电效率高、相对稳定性好、使用成本低、__________。

2. 动力蓄电池按工作介质不同可分为______________、铅酸蓄电池、金属氢化物镍蓄电池（简称镍氢电池）和______________。

3. 动力蓄电池的技术参数主要包括电压、____________、____________、____________、____________、功率与比功率、循环寿命等。

4. 单位质量或单位体积的电池所放出的能量称为____________，也称为能量密度，单位为________________。

5. BMS 不仅要保证电池安全可靠地使用，而且要充分发挥电池的能力和________________，是电池保护和管理的核心部件。

6. 混合动力电动汽车是介于__________与__________之间的一种车型，是内燃机汽车向纯电动汽车过渡的车型。

7. 雷克萨斯混合动力电动汽车的动力蓄电池使用的是__________。

8. 比亚迪—秦的动力蓄电池采用__________电池。

9. 混合动力电动汽车所使用的动力蓄电池基本上以____________和______________

为主。

二、选择题

1. 以下不属于镍氢电池的优点的是（　　）。

A. 适合大电流放电　　B. 可循环充放电

C. 安全可靠　　D. 单体电池电压低

2. 燃料电池电动汽车是指以氢气、甲醇等为燃料，通过化学反应产生（　　），依靠电机驱动的汽车，其核心部件是燃料电池。

A. 电流　　B. 电压

C. 电阻　　D. 电容

3. 以下不属于磷酸铁锂电池的特点的是（　　）。

A. 可大电流快速放电　　B. 热稳定性好

C. 低温性能好　　D. 无记忆效应

4. 纯电动汽车或混合动力电动汽车的任何维护操作都必须（　　），触电事故一旦发生，瞬间丧命。

A. 先上电　　B. 先下电

C. 先开关　　D. 以上都不对

5. 以下不属于三元聚合物锂电池的优点的是（　　）。

A. 能量密度小　　B. 单体电压高

C. 循环寿命长　　D. 热稳定性好

6. 混合动力电动汽车与传统汽车的最大区别在于其（　　），其至少拥有两个动力源和两个能量储存系统。

A. 动力系统　　B. 发电系统

C. 安全系统　　D. 娱乐系统

7. 比亚迪—秦动力蓄电池的每个单体电池电压为（　　）V，电池包标称电压为 501.6 V，额定容量为 26 A · h，一次充电用电量为 13 度。

A. 12　　B. 3

C. 3.3　　D. 2

8. 动力蓄电池包属于（　　），在拆卸过程中，工作人员需要进行自身及现场安全防护。

A. 低压部件　　　　B. 高压部件

C. 安全部件　　　　D. 以上都不对

三、判断题

1. 电动汽车无污染，能源可多样化配置，噪声低，能量转化效率比内燃机汽车高。（　　）

2. 电动汽车比内燃机汽车发展时间更早。（　　）

3. 电动汽车镍氢电池是20世纪90年代发展起来的一种蓄电池。它的正极主要由镍制成，负极主要由储氢合金制成，是一种酸性蓄电池。（　　）

4. 磷酸铁锂电池有一个致命的缺点，就是低温性能较差。（　　）

5. 镍氢电池与锂电池相比，其单体电池电压更高。（　　）

6. 镍氢电池耐过充电能力优于锂电池。（　　）

7. 绝缘鞋用于拆卸或解除高压部件时的脚部防护。（　　）

8. 在拆装动力蓄电池时不需要对高压作业现场进行隔离。（　　）

9. 在拆装动力蓄电池时，应先断开动力蓄电池负极端子，自放电30 min。（　　）

四、简答题

1. 简述动力蓄电池的性能指标及技术参数。

2. 说明动力蓄电池型号 ICP 383450 的含义。

3. 简述电池管理系统（BMS）的基本功能。

4. 简述动力蓄电池拆装过程中的注意事项。

5. 简述镍氢电池的类型及结构。

实训工单 1　比亚迪—秦混动汽车动力蓄电池的拆卸及认知

实训名称	比亚迪—秦混动汽车动力蓄电池的拆卸及认知	学时	4	班级	
姓名		学号		成绩	
实训设备	比亚迪—秦实车、绝缘拆装工具、基础实训设备	实训场地		日期	
实训目的	通过对动力蓄电池的拆卸，加强对动力蓄电池组成部件及其安装位置的认知				

一、资讯

1. 学习的车型：______________________。

2. 比亚迪—秦的动力蓄电池采用______________电池，每个单体电池电压为______V，电池包标称电压为________V，额定容量为________A·h，一次充电用电量为 13 度。

3. 注意事项

（1）没有经过比亚迪公司授权的服务店人员不能私自拆卸动力蓄电池橘黄色线连接部分或者______________________。

（2）拆卸动力蓄电池前，应断开______________________________，且对________________________。

（3）对动力蓄电池动力输出口插座必须进行________________________，避免____。

（4）在拆卸过程中，注意不能用力拉拔______________，避免其__________，以防__________________________。

（5）在动力蓄电池拆卸过程中，应注意标识____________，以免________________________________。

（6）在动力蓄电池拆卸和安装过程中，应禁止____________________________

____。

4. 以比亚迪—秦混动 14 款车型为例，动力蓄电池安装在下图________________________之间。

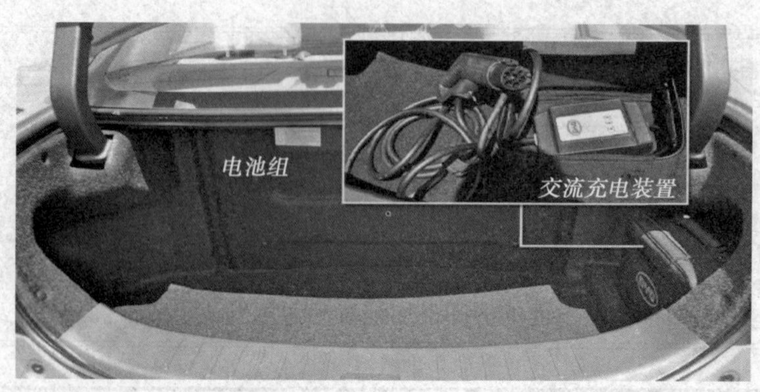

二、决策与计划

根据任务要求，确定所需工具及设备，并对小组成员进行合理分工，制订详细的拆卸及认知计划。

1. 需要的工具及设备

序号	名称	序号	名称
1		6	
2		7	
3		8	
4		9	
5		10	

2. 小组成员分工

组别 人员	第一组	第二组	第三组	第四组
小组成员				

3. 拆卸及认知计划

拆卸及认知计划项目	是否完成认知	拆卸及认知计划项目	是否完成认知
安全注意事项		断开动力蓄电池负极	
正确使用拆卸工具		动力蓄电池组个数	
拔掉维修开关		动力蓄电池拆装顺序	

三、任务实施（在横线上填空，并在拆卸步骤前的括号内填写操作顺序号）

（　　）拆除后排________________。

（　　）按 6S 规范整理现场，打扫卫生。

（　　）拆掉座椅靠背连接________________（黄色）及________________（黑色），取下座椅靠背。

（　　）拔掉维修开关。注意事项：拔出维修开关后，使用电工绝缘胶带封住维修开关接插件母线端口，将维修开关装入________________，由维修人员保管安全盒钥匙，将________________安放在车辆室内储物盒上。

（　　）断开动力蓄电池________________。

（　　）拆除所有固定电池塑料外壳上的________________，并取下塑料外壳。

（　　）依次取出________________。

（　　）拔掉后排座椅电池组________________插头（该动力蓄电池组包括________________总线束插头，10 个单体电池采集器线束插头）。

（　　）拆除前后 20 组电池组固定螺栓。

（　　）拆除前后电池组________________保护套。

（　　）拆除后排座椅坐垫。

（　　）拆卸电池组连接片。注意事项：先拆____________，再依次拆除电池组连接片。

四、任务评估

序号	项目	分值	评分标准	评价结果
1	能描述汽车动力蓄电池的组成	10	少说一项扣 2 分	
2	能描述汽车动力蓄电池的工作原理	10	充电、放电各占 5 分	
3	能描述汽车动力蓄电池的分类及特点	10	少说一项扣 2 分	
4	能描述汽车动力蓄电池的型号认知	10	错一项扣 2 分	
5	汽车动力蓄电池的外观检查	30	在实车上操作，错一步扣 5 分	
6	汽车动力蓄电池的拆卸及认知	30	在实车上操作，错一步扣 5 分	
分数合计		100	得分	

五、反馈与点评

1. 根据任务完成情况，对学习工作情况进行自我评估，并提出改进意见。

（1）____

____。

（2）____

____。

（3）____

____。

2. 教师对学生学习情况进行评估，并进行点评。

____

____。

3. 学生本次任务成绩为：______________。

课题二　动力驱动系统

一、填空题

1. 纯电动汽车动力驱动系统主要由驱动电机、功率转换器、____________、各种检测传感器和电驱动冷却系统等组成。

2. 高压电控总成是由________________________________、高压配电箱和漏电传感器模块、车载充电机（预充电容）、DC/DC 变换器组成的一个整体。

3. 电机控制器将接受的电能转化为高压直流电返回到____________，再储存到动力蓄电池中。

4. 双向交流逆变式电机控制器（VTOG）的主要功能有__________和__________。

5. 当车辆行驶时，电机控制器将动力蓄电池的直流电转换为____________，供给驱动电机。

6. 电动机定子由定子铁芯、____________和机座三部分组成。

7. 电动机转子可分为____________转动方式和外转子转动方式两种。

8. 旋转变压器是一种电磁式传感器，又称为____________。

9. 旋转变压器由____________和信号盘组成。

10. 旋转变压器一般有两极绕组和____________两种结构形式。

二、选择题

1. 动力驱动系统直接影响车辆的（　　）、经济性和用户驾乘的舒适性。

A. 动力性　　B. 平顺性

C. 通过性　　D. 操纵稳定性

2. 比亚迪 e5 电动汽车采用的是（　　）电机。

A. 无刷直流电动机　　B. 交流永磁式同步电动机

C. 交流开关磁阻电动机　　D. 以上都不是

3. 交流永磁式同步电动机主要由转子、定子、（　　）和水温传感器组成，电动机采用水冷方式。

A. 车速传感器　　B. 旋转变压器

C. 转速传感器　　D. 电流传感器

4. 实现将高压直流电转化为低压直流电，为整车低压电气系统供电的是（　　）。

A. 电机控制器　　B. 漏电传感器

C. 高压配电箱　　D. DC/DC 变换器

5. 电动汽车动力驱动系统对驱动电机的要求有（　　）。

A. 高电压　　B. 轻质量

C. 高效率　　D. 以上都是

6. 6HDT35 变速器的传动效率高达（　　）。

A. 69%　　B. 79%

C. 89%　　D. 99%

7. 电动机转子是电动机中的（　　）部件。

A. 固定　　B. 旋转

C. 半旋转　　D. 以上都不是

8. 旋转变压器中的励磁频率通常有 400 Hz、（　　）Hz 及 5 000 Hz 等。

A. 1 000　　B. 2 000

C. 2 500　　D. 3 000

9. 旋转变压器作为（　　）及位置检测装置，可以反馈信息给控制器进行监测，用来准确控制电动机的转速及位置。

A. 速度　　B. 温度

C. 磁场　　D. 电压

10. 多极式旋转变压器用于（　　）绝对式检测系统。

A. 低精度　　B. 中精度

C. 高精度　　D. 超精度

三、判断题

1. 动力驱动系统能够高效率地将动力蓄电池的电能转化为车轮的机械能，并在汽车减速或制动时，将车轮的机械能转化为电能反馈到动力蓄电池中。（　　）

2. 比亚迪 e5 电动汽车采用交流永磁式同步电动机，其结构为“转子 + 定子 + 旋转

变压器 + 水温传感器”，电动机采用水冷方式。 ( )

3. 高压电控总成只能实现将低压直流电转化为高压直流电，不能将高压直流电转化为低压直流电。 ( )

4. 双向交流逆变式电机控制器能够实现驱动控制和充电控制。 ( )

5. 电机控制器通过电流传感器实时监测高压系统是否存在漏电现象。 ( )

6. 转子的主要作用是产生旋转磁场，而定子的主要作用是在旋转磁场中被磁力线切割进而产生（输出）电流。 ( )

7. 外转子转动方式以电动机中间的芯体为旋转体，输出扭矩（指电动机）或者收入能量（指发电机）。 ( )

8. 旋转变压器是一种测量角度用的中型交流电动机，用来测量旋转物体的转轴角位移和角速度，由定子和转子组成。 ( )

9. 两极绕组旋转变压器的定子和转子各有一对磁极；四极绕组则各有两对磁极，主要用于高精度的检测系统。 ( )

四、名词解释

1. 额定电流

2. 额定电压

3. 漏电传感器

五、简答题

1. 高压电控总成的主要功能有哪些？

2. 双向交流逆变式电机控制器（VTOG）的主要功能有哪些？

3. 6HDT35 变速器的优点是什么？

4. 混合动力电动汽车电动机的特点是什么（以比亚迪—秦混合动力电动汽车为例进行说明）?

5. 简述驱动电机的类型。

实训工单 2　动力驱动系统的拆卸及认知

实训名称	动力驱动系统的拆卸及认知	学时	4	班级	
姓名		学号		成绩	
实训设备	BYD e5 实车、绝缘拆装工具、基础实训设备	实训场地		日期	
实训目的	通过对高压配电箱及驱动电机总成的拆卸，加强对动力驱动系统的结构与原理的认知				

一、资讯

1. 动力驱动系统拆卸所需的工具有____。

2. 从车上拆解电机控制器，第一步需要用解码仪 VDS 2000 对电机控制器进行____________________________。

3. 在拆卸维修开关时，注意事项是：____。

4. 用举升机举升车辆时，注意事项是：____。

5. 在对车辆防冻冷却液排放操作之后，插拔高压电控总成时，注意事项是：____。

6. 在下图中标出高压电控总成前端的高压接插头。

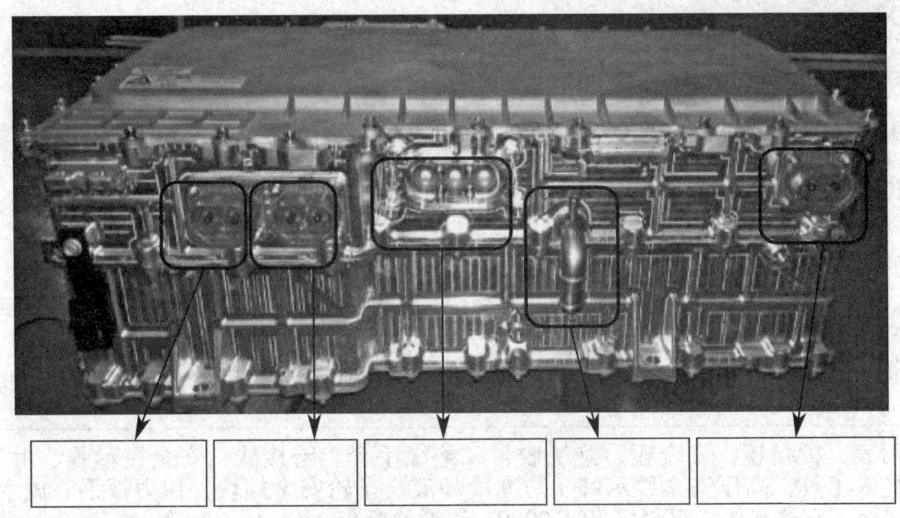

高压电控总成前端的高压接插头

7. 在下图中标出高压电控总成后端的高压接插头。

高压电控总成后端的高压接插头

8. 在下图中标出高压电控总成内部各部分的名称。

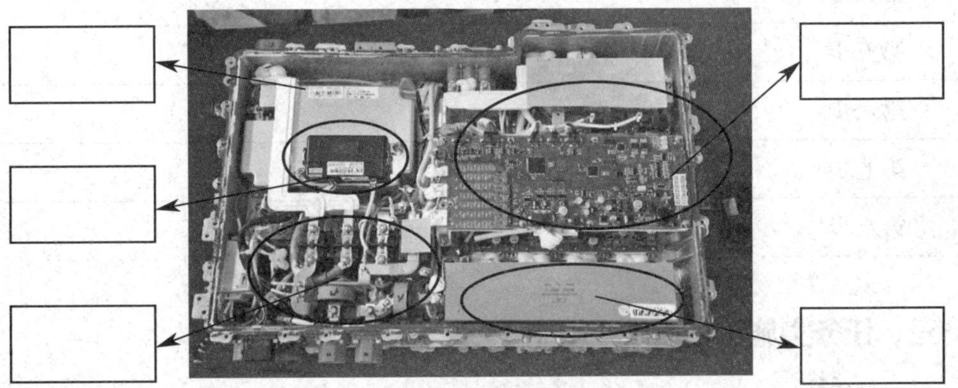

高压电控总成内部结构

二、决策与计划

根据任务要求，确定所需工具及设备，并对小组成员进行合理分工，制订详细的拆卸及认知计划。

1. 需要的工具及设备

选取你所需要的工具及设备	
万用表、护目镜、安全帽、绝缘胶带、绝缘手套、跨接线、安全提示牌、世达工具、绝缘工具、高压安全警示牌、防冻冷却液、车轮安全挡块、扭力扳手、放水桶、液压平板、支撑支架、解码仪 VDS 2000、道通诊断仪	

2. 小组成员分工

组长		操作员	
安全员		记录员	
组员			

3. 拆卸及认知计划

第一步	
第二步	
第三步	
第四步	
第五步	
第六步	
第七步	
第八步	

三、任务实施（在横线上填空）

1. 使用解码仪 VDS 2000，清除电机控制器密码，清除结果为：________

________________。

2. 断开 12 V 动力蓄电池电源负极，整车放电 30 min，记录放电结果：________

______________________。

3. 拆开储物盒上盖，戴上绝缘手套拉动维修开关手柄使其呈竖直状态，向上提拉，拔掉维修开关。注意事项为：________________________________

______________。记录结果：________________________________

____。

4. 拧开车辆前机舱中的电机冷却液水箱盖，并使用十字旋具拆卸车辆外侧下方车架横梁护板（4 块）。

5. 用举升机支撑端对准车架横梁，举升车辆至合适高度。注意事项为：______

____

____

__________。记录结果：____

______________。

6. 拆下挡泥板，找到电机冷却液放水口，拧开放水口螺栓，放出防冻冷却液，用放水桶接住防冻冷却液，记录结果：________________________________

____。

7. 将车辆安全降至地面，带好绝缘手套，拔下高压电控总成上所有连接线束，拔下所有接插件，注意事项为：____________________________________

____________________________。记录结果：________________________。

8. 抬下高压电控总成，拆解并认知。记录结果：________________________

____

____

____

____。

9. 拆下高压电控总成盖板，对总成内部进行认知，记录结果：____________

____。

10. 拆下高压电控总成下方的驱动电机及变速器，将拆下的驱动电机总成放置在工作台上。

11. 对驱动电机总成进行拆解，分为驱动电机及变速器两部分。

12. 对拆解后的驱动电机及变速器进行结构认知。

13. 按 6S 规范整理现场，打扫卫生。

四、任务评估

序号	项目	分值	评分标准	评价结果
1	能描述动力驱动系统的工作原理	10	少说一项扣 2 分	
2	能描述高压电控总成的组成	10	少说一项扣 2 分	
3	能描述高压电控总成的主要功能	10	少说一项扣 2 分	
4	能描述电机控制器的主要功能	10	少说一项扣 5 分	
5	高压电控总成的拆解	30	在实车上操作，错一步扣 5 分	
6	驱动电机总成的拆解	30	在实车上操作，错一步扣 5 分	
分数合计		100		

五、反馈与点评

1. 根据任务完成情况，对学习工作情况进行自我评估，并提出改进意见。

（1）____

____。

（2）____

____。

（3）____

____。

2. 教师对学生学习情况进行评估，并进行点评。

____。

3. 学生本次任务成绩为：__________。

课题三　电机控制器系统

一、填空题

1. 电机控制器系统包括输入信号装置、执行装置和__________。

2. 电动汽车电机控制器系统的主要传感器有加速踏板位置传感器、挡位传感器和____________________。

3. 电动汽车电机控制器系统 ECU 主要由______________、电机控制器（MCU）和电池管理系统（BMS）组成。

4. 交流充电的充电电流较小，一般为___________ A，配合合适的插座和车载充电机，可以在家中为电动汽车进行充电。

5. 定压充电是指充电过程中保持充电电压不变的充电方式，充电电流随动力蓄电池组电动势的增加而____________。

6. __________________是汽车动力的能源补给系统，是电动汽车使用过程中不可或缺的部分。

7. 电动空调系统主要由机舱部分，__________，制冷、制热及送风部分组成。

8. ______________是整个空调系统（包括制冷、供暖）的总控中心，协调控制空调系统的工作，它安装在蒸发器箱体底部。

9. __________在整车 CAN 网络上属于舒适网，它与电动压缩机模块、PTC 模块组成一个空调子网。

10. 在电动空调系统中，将驱动电机整合到空调压缩机室内，空调压缩机一般由________________供给高电压，电动空调压缩机的电动机是通过小型变频器驱动的交流电动机。

二、选择题

1. 传感器是一种（　　），能按照一定的规律将所感受到的信息转换成电信号或者其他所需形式的信息输送到控制单元。

A. 发电装置　　　　B. 做功装置

C. 检测装置　　D. 控制装置

2. 电动汽车在制动时，整车控制器（VCU）一般会给（　　）回收电能的控制信号，进行制动能量回收。

A. ICU　　B. BMS

C. ECU　　D. MCU

3. 以下不属于电动汽车电机控制系统主要组成部分的是（　　）。

A. 整车控制器（VCU）　　B. 驱动电机

C. 高频接收器　　D. 电机控制器（MCU）

4. 比亚迪 e5 电动汽车交流充电口 7 芯端口的 CC 端与 PE 端之间的阻值为（　　）Ω。

A. 100　　B. 120

C. 200　　D. 220

5. 直流充电主要是通过充电站的充电桩将直流高压电直接通过直流充电口给（　　）充电。

A. 动力蓄电池　　B. 车载充电机

C. 高压电控总成　　D. 低压蓄电池

6. 电动汽车电机控制器系统是对动力蓄电池进行科学管理，并对（　　）进行合理控制的系统总称。

A. 执行装置　　B. 驱动电机

C. 信号装置　　D. 控制装置

7. 电动汽车一般采用电子换挡器，挡位设置为 R 挡、（　　）和 D 挡。

A. N 挡　　B. P 挡

C. S 挡　　D. L 挡

三、判断题

1. 加速踏板位置传感器一般安装在驾驶舱加速踏板轴的一端，用于检测汽车加速或减速信号。（　　）

2. 整车控制器（VCU）是进行电动汽车动力控制及储存电能的载体。（　　）

3. 定流充电是指充电过程中保持充电电流基本恒定的充电方式。（　　）

4. 交流充电口为 9 芯充电口。（　　）

5. 电子膨胀阀和变频压缩机一起有效工作，利用它精确控制流量的功能，整体提升空调系统的工作效率。 (　　)

6. DC/DC 变换器电路又称为升压斩波电路，主要由主电路、控制电路、驱动电路及保护电路组成。 (　　)

7. 电机控制器系统的主要作用是判断驾驶员的驾驶意向，根据车辆行驶状态、电机驱动系统和动力蓄电池系统状态，合理分配动力，使车辆运行在最佳状态。 (　　)

8. 由空调驱动器驱动的电动压缩机将气态的制冷剂从冷凝器中抽出，并将其压入蒸发器。 (　　)

四、简答题

1. 电动汽车交流充电与直流充电相比有哪些优缺点?

2. 电动空调系统由哪几部分组成?

五、综合题

1. 将下面左侧的英文缩写与右侧对应的元器件进行连线。

ICU　　整车控制器

MCU　　电池管理系统

BMS　　电机控制器

VCU　　电池剩余电量

SOC　　电池信息采集器

2. 结合所学内容，将电机控制器系统的工作过程补全。

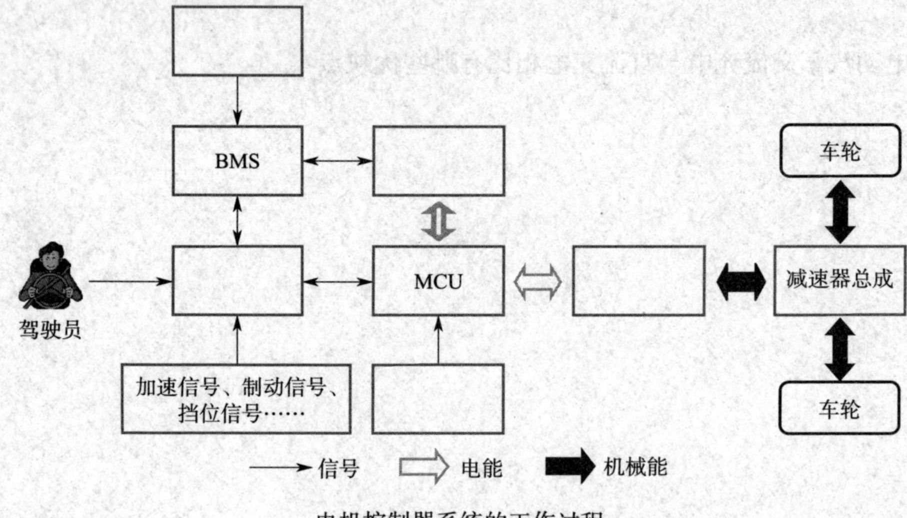

电机控制器系统的工作过程

模块三
电动汽车底盘系统

一、填空题

1. 电动汽车传动系与传统汽车传动系相比取消了离合器，一般由变速器、______________、主减速器、差速器和半轴等组成。

2. 电动汽车所用的制动器，一般为前后轮采用__________，有部分车型前轮采用盘式制动器，后轮采用鼓式制动器。盘式制动器比鼓式制动器效率高，但价格较贵。

3. 电动汽车制动系主要由制动器、__________、真空助力器、真空罐及压力传感器、ECU 控制器、制动器等组成。

4. 电动助力转向系由转角扭矩传感器、车速传感器、________________、EPS 电机等组成。

5. 传统汽车行驶系的作用是接受传动系的动力，通过__________与路面的作用产生牵引力，使汽车正常行驶，并且承受汽车的总重量和地面的反力，缓和不平路面对车身造成的冲击，保持行驶的______________和______________。

6. 传统汽车制动系的作用是按照驾驶员的要求控制汽车实现减速、停车以及可靠停驻，主要由制动传动机构、__________、驻车制动器等组成。

7. 传统汽车__________的作用是保证汽车按驾驶员选择的方向行驶，主要由转向盘、转向器和转向传动机构等组成。

8. EPS 的助力特性属于车速感应型，即在同一转向盘力矩输入下，电机的目标电流随__________的变化而变化，能较好地兼顾轻便性与路感的要求。

9. 电动汽车的制动装置与传统汽车一样，是为汽车减速或停车而设置的，通常由

__________及其操纵装置组成。

10. 电动汽车行驶系一般由车架、车桥、车轮和悬架等组成，与传统汽车行驶系基本相同。车轮支承着车桥，车桥又通过__________与车架相连接。

二、选择题

1. 电动汽车（　　）一般由变速器、万向传动装置、主减速器、差速器和半轴等组成。

A. 行驶系　　B. 再生制动系

C. 传动系　　D. 制动系

2. 与传统的自动变速器相比，电动汽车的自动变速传动桥同样有盘形和带形离合器、（　　）、差速器、执行离合动作的液压系统、润滑油以及冷却系统。

A. 万向传动装置　　B. 星型齿轮

C. 主减速器　　D. 差速器

3. 当转速进一步上升，电动汽车再生制动所能提供的制动力受电动机弱磁恒功率工作区特点限制而（　　）。

A. 增大　　B. 减小

C. 不变　　D. 等于零

4. 电动汽车的再生制动力矩通常不能像传统燃油汽车中的制动系统一样提供足够的制动（　　）。

A. 不变　　B. 加速

C. 减速　　D. 以上都不对

5. 一个影响制动能量回收的因素是，在再生制动时，制动能量通过（　　）转化为电能。

A. 能量　　B. 压力

C. 动力　　D. 电动机

6. 如果真空罐内的真空度小于（　　）kPa，则压力膜片将会挤压触点，从而接通电源，真空泵开始工作；当真空度增加到（　　）kPa 时，压力延时开关断开，然后通过延时继电器使真空泵继续工作，大约（　　）s 后停止。

A. 60、60、80　　B. 120、90、10

C. 55、55、30　　D. 110、110、20

7. 真空助力器的真空气室由带有橡胶膜片的活塞分为常压室与变压室（大气阀打开时可与大气相通），一般常压室的真空度为（　　）kPa（即真空泵可以提供的真空度大小）。

A. 60 ~ 80　　B. 70 ~ 80

C. 50 ~ 80　　D. 30 ~ 80

三、判断题

1. 传统汽车底盘主要由传动系、行驶系、转向轮、制动系组成。（　　）

2. 电动汽车的制动装置与传统汽车一样，是为汽车减速或停车而设置的。（　　）

3. 传统汽车上的真空源来自汽油发动机的进气歧管，发动机转速对真空度的影响较小。（　　）

4. 变速传动系统是电动汽车驱动子系统的重要部件，指的是驱动电机转轴和车轮之间的机械连接部分。（　　）

5. 电动汽车行驶系一般由车架、车桥、车轮和悬架等组成，与传统汽车行驶系基本相同。（　　）

6. 当踩下制动踏板时，连杆关闭一个气门，使空气进入真空助力器中膜片的一侧，同时密封另一侧真空。（　　）

7. 真空助力器与制动踏板产生的力叠加后作用在制动主缸推杆上，以提高制动主缸的输出动力。（　　）

8. 在电动汽车上，只有驱动轮的制动能量可以沿着与之相连接的驱动轴传送到能量储存系统，另一部分的制动能量将由车轮上的摩擦制动以热的形式消耗掉。（　　）

9. 电动汽车的再生制动力矩通常不能像传统燃油汽车中的制动系统一样提供足够的制动减速，所以，在电动汽车中，再生制动和液压制动系统通常共同存在。（　　）

四、简答题

1. 简述电动汽车行驶系的作用。

2. 简述汽车底盘的阻尼控制功能。

3. 简述电动汽车转向系的作用。

4. 简述电动汽车传动系的组成与作用。

5. 简述电动汽车传动系与传统汽车传动系的区别。

模块四
汽车新技术

课题一　燃料电池技术

一、填空题

1. 燃料电池电动汽车（FCEV）是以______________作为单一动力源或者是以________________与________________作为混合动力源的电动汽车。

2. 燃料电池电动汽车可分为________________________________和________________________________两类。

3. 燃料电池是一种把燃料所具有的________直接转换成________的化学装置，又称电化学发电器。

4. 燃料电池系统包括__________、__________、__________、__________、__________和__________等。

5. 根据燃料电池所提供的功率占整车总需求功率的比例不同，燃料电池混合动力汽车可分为______________________________和______________________________两大类。

6. 从技术发展现状看，制约燃料电池技术应用的瓶颈主要包括________________和____________________。

7. 丰田 Mirai 燃料电池主要由____________、____________、____________、__________、____________和____________组成。

8. 燃料电池在发电过程中阳极输入________，阴极输入__________。

二、选择题

1. 国产燃料电池技术与国外技术尚有差距，其中核心部件是（　　）。

A. 供氢系统　　B. 电堆

C. 控制系统　　D. 加注系统

2. 氢燃料电池汽车可以在（　　）min 内充满氢气。

A. 5　　B. 10

C. 15　　D. 20

3. 丰田 Mirai 燃料电池电动汽车的升压变频器能够将电压升高到（　　）V。

A. 600　　B. 650

C. 700　　D. 750

4. 燃料电池在发电过程中，电池的阳极（燃料极）输入的是（　　）。

A. H_2　　B. H+

C. O_2　　D. e−

5. FCV 所使用的燃料电池一般都是（　　）。

A. 碱性燃料电池（AFC）　　B. 磷酸燃料电池（PAFC）

C. 质子交换膜燃料电池（PEMFC）　　D. 固体氧化物燃料电池（SOFC）

6. 丰田 Mirai 由 0 ~ 100 km/h 加速只需约（　　）s。

A. 7　　B. 8

C. 9　　D. 10

7. 2008 款本田 FCX Clarity 氢燃料电池汽车的最大续航里程为（　　）km。

A. 375　　B. 382

C. 396　　D. 407

三、判断题

1. 燃料电池是一种利用燃烧来获取能量的高效电化学能转换装置。（　　）

2. 燃料电池系统占整车成本的 70% 左右。（　　）

3. 丰田 Mirai 在行驶过程中不加油、不充电、不排放尾气，唯一排放的废物是纯净水。（　　）

4. 与普通化学电池相比，燃料电池可以补充燃料，通常是补充氧气。（　　）

5. 燃料电池在长时间使用情况下（如公交车）可能 2 ~ 3 年就需要更换电堆。

（　　）

四、简答题

1. 简述燃料电池的发电原理。

2. 简述车用燃料电池的优点和特性。

五、综合题

在下图中写出燃料电池电动汽车各组成部分的名称。

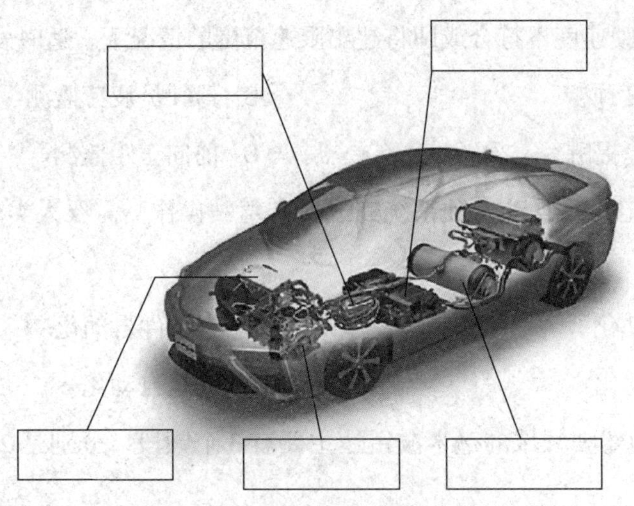

课题二 先进驾驶辅助系统

一、填空题

1. 在先进驾驶辅助系统（ADAS）相关标准中将技术路线类似的 ADAS 术语相邻排序，总体分成____________与____________两大类别。

2. ADAS 不是自动驾驶，ADAS 是__________，其核心是__________，而自动驾驶则是__________。

3. ADAS 具有________和________两种安全方案。

4. __________属于各种 ADAS 预警与控制功能的重要传感器。

5. 向前碰撞预警（FCW）功能的退出条件包括__________________________、______________________、________________________。

6. ADAS 能有效增加汽车驾驶的______________和____________。

7. ADAS 信息辅助类功能______________是向驾驶员提供车辆周围 360° 范围内环境的实时影像信息。

8. 先进驾驶辅助系统（ADAS）也叫________________。

二、选择题

1.（　　）是指自动获取车辆当前条件下所应遵守的限速信息，并实时监测车辆行驶速度，在车辆行驶速度不符合或即将超出限速范围的情况下，适时发出警告信息。

A. 弯道速度预警　　B. 驾驶员疲劳监测

C. 智能限速提醒　　D. 前向车距监测

2.（　　）的定义是自动驾驶系统完成所有驾驶操作，需要人类驾驶员恰当地应答系统的请求。

A. 部分自动化　　B. 有条件自动化

C. 高度自动化　　D. 完全自动化

3. 应用在辅助驾驶领域的毫米波雷达主要有 3 个频段，分别是 24 GHz、77 GHz 和（　　）GHz。

A. 79　　B. 80

C. 81　　D. 82

4. MEMS 陀螺仪（IMU）主要是根据重力和惯性的原理，检测（　　）个方向的加速度和角速度，从而进行物体空间定位的部件。

A. 4　　B. 5

C. 6　　D. 7

5. 车道偏离预警（LDW）功能的退出条件是驾驶员主动打转向换道和车辆行驶速度小于（　　）km/h。

A. 40　　B. 50

C. 60　　D. 70

6. 性能良好的 77 GHz 频段雷达的最大检测距离可达（　　）m 以上。

A. 140　　B. 150

C. 160　　D. 170

7. 安装在车的四周的激光雷达，其激光线束一般小于（　　）线。

A. 4　　B. 8

C. 12　　D. 16

8. 当车辆行驶速度小于等于（　　）km/h 时，可退出向前车距监测（FDW）功能。

A. 40　　B. 50

C. 60　　D. 70

三、判断题

1. 侧面盲区监测是指实时监测驾驶员视野盲区，并在其盲区内出现其他道路使用者时发出提示或警告信息。 (　　)

2. 辅助驾驶时由系统监控驾驶环境。 (　　)

3. 频率在 10 ~ 200 GHz 的电磁波，由于其波长在毫米量级，因此处于该频率范围内的电磁波也被工程师们称为毫米波。 (　　)

4. 激光雷达的发射器发射出一束激光，激光光束遇到物体后，经过漫反射，返回至激光接收器，雷达模块根据发送和接收信号的时间间隔乘以光速，再除以 4，即可计算出发射器与物体之间的距离。 (　　)

5. 车道偏离预警（LDW）功能是指实时监测本车与前方车辆车距，并以空间或时间距离显示车距信息。 (　　)

6. ADAS 主动安全技术能降低死亡率，被动安全技术能降低事故率。 (　　)

7. 车上常见的超声波雷达一般有低速辅助功能，如倒车雷达、辅助泊车、自动泊车等。 (　　)

8. 按照精度不同，陀螺仪可分为低精度、中精度和高精度三种。 (　　)

四、简答题

1. 简述先进驾驶辅助系统的定义。

2. 组成先进驾驶辅助系统的传感器有哪些？

3. 简述超声波传感器的工作原理。

综合试卷（一）

一、填空题（每空1分，共30分）

1. 混合动力电动汽车主要由发动机、____________、驱动电机、____________、变速器等组成。

2. 新能源汽车号牌按照不同车辆类型实行分段管理，字母________代表纯电动汽车，字母________代表非纯电动汽车（包括混合动力电动汽车和燃料电池电动汽车等）。

3. 汽车产业“新四化”是指__________、智能化、________和共享化。

4. 我国发展节能与新能源汽车的技术战略已形成“三纵三横”的布局。“三纵”是指混合动力汽车技术、______________和氢燃料汽车技术同步发展作为不同阶段的产业化目标。

5. 动力蓄电池按工作介质不同可分为__________、铅酸蓄电池、金属氢化物镍蓄电池（简称镍氢电池）和__________。

6. 对新能源汽车动力蓄电池的要求主要有比能量高、__________、充放电效率高、相对稳定性好、使用成本低、__________。

7. 比亚迪—秦的动力蓄电池采用________电池。

8. 混合动力电动汽车所使用的动力蓄电池基本上以________和__________为主。

9. 高压电控总成是由______________________、高压配电箱和漏电传感器模块、车载充电机（预充电容）、DC/DC 变换器组成的一个整体。

10. 双向交流逆变式电机控制器（VTOG）的主要功能有________和________

__________。

11. 电动汽车制动系主要由制动器、__________、真空助力器、真空罐及压力传感器、ECU 控制器、制动器等组成。

12. 燃料电池系统包括电堆、供氢系统、______________、__________、____________和______________等。

13. ADAS 不是自动驾驶，ADAS 是______________，其核心是______________，而自动驾驶则是________________。

14. 电动汽车转向系主要由______________、转向传感器、控制单元、转向器、____________和__________等组成。

15. DC/DC 变换器为隔离型桥式转换器，主要包括主功率开关管 IGBT、________________、输出整流桥、输出滤波电感和电容、________________及开关器件缓冲电路等。

二、选择题（每题 1 分，共 15 分）

1. 目前，国内普遍采用国家标准《电动汽车术语》（GB/T 19596—2017）对电动汽车进行分类，将电动汽车分为纯电动汽车、（　　）和燃料电池电动汽车三大类。

A. 增程式电动汽车　　B. 可外接充电式混合动力汽车

C. 混合动力电动汽车　　D. 不可外接充电式混合动力汽车

2. 特斯拉是美国一家电动车及能源公司，由马丁·艾伯哈德（Martin Eberhard）工程师于（　　）成立，总部设在美国加州的硅谷地带。

A. 2003 年 8 月 1 日　　B. 2003 年 7 月 1 日

C. 2013 年 7 月 1 日　　D. 2013 年 8 月 1 日

3.（　　）年 4 月，美国公布规定，首次为新轿车和轻型货车订立温室效应气体排放标准。

A. 2008　　B. 2009

C. 2010　　D. 2011

4. 燃料电池电动汽车是指以氢气、甲醇等为燃料，通过化学反应产生（　　），依靠电动机驱动的汽车，其核心部件是燃料电池。

A. 电流　　B. 电压

C. 电阻　　D. 电容

5. 旋转变压器中的励磁频率通常有 400 Hz、（　　）Hz 及 5 000 Hz 等。

A. 1 000　　B. 2 000

C. 2 500　　D. 3 000

6. 动力驱动系统直接影响车辆的（　　）、经济性和用户驾乘的舒适性。

A. 动力性　　B. 平顺性

C. 通过性　　D. 操纵稳定性

7. 交流永磁式同步电动机主要由转子、定子、（　　）和水温传感器组成，电动机采用水冷方式。

A. 车速传感器　　B. 旋转变压器

C. 转速传感器　　D. 电流传感器

8. 实现将高压直流电转化为低压直流电，为整车低压电气系统供电的是（　　）。

A. 电机控制器　　B. 漏电传感器

C. 高压配电箱　　D. DC/DC 变换器

9. 真空泵启停条件：车速 <（　　）km/h 时，真空度低于 60 kPa 时启动，达到 75 kPa 时关闭。

A. 55　　B. 60

C. 65　　D. 70

10. 比亚迪 e5 电动汽车交流充电口 7 芯端口的 CC 端与 PE 端之间的阻值为（　　）Ω。

A. 200　　B. 210

C. 220　　D. 230

11. 氢燃料电池汽车可以在（　　）min 内充满氢气。

A. 5　　B. 10

C. 15　　D. 20

12. 燃料电池在发电过程中，电池的阳极（燃料极）输入的是（　　）。

A. H_2　　B. H+

C. O_2　　D. e−

13.（　　）的定义是自动驾驶系统完成所有驾驶操作，需要人类驾驶员恰当地应答系统的请求。

A. 部分自动化　　B. 有条件自动化

C. 高度自动化　　D. 完全自动化

14. 应用在辅助驾驶领域的毫米波雷达主要有 3 个频段，分别是 24 GHz、77 GHz 和（　　）GHz。

A. 79　　B. 80

C. 81　　D. 82

15. 车道偏离预警（LDW）功能的退出条件是驾驶员主动打转向换道和车辆行驶速度小于（　　）km/h。

A. 40　　B. 50

C. 60　　D. 70

三、判断题（每题 1 分，共 20 分）

1. 虽然混动车型的保养费用与汽油版车型相同，但维修费用会高很多，尤其是动力蓄电池，一旦过质保期后损坏，更换价格昂贵。（　　）

2. 与传统内燃机汽车相比，燃料电池电动汽车降低了燃油经济性。（　　）

3. 特斯拉 Model X 最大续航里程为 240 英里（约为 386 km），最高时速为 250 km/h，百公里加速时间为 4.4 s，是目前百公里加速最快的纯电动 SUV 车型。（　　）

4. 美国人法莫制造了世界上第一辆以铅酸蓄电池为动力的电动三轮车。（　　）

5. 德国人费迪南德·波尔舍制造了世界上第一台混合动力汽车。（　　）

6. 电动汽车无污染，能源可多样化配置，噪声低，能量转化效率比内燃机汽车高。（　　）

7. 磷酸铁锂电池有一个致命的缺点，就是低温性能较差。（　　）

8. 镍氢电池与锂电池相比，其单体电池电压更高。（　　）

9. 镍氢电池耐过充电能力优于锂电池。（　　）

10. 比亚迪 e5 电动汽车采用交流永磁式同步电动机，其结构为“转子 + 定子 + 旋转变压器 + 水温传感器”，电动机采用水冷方式。（　　）

11. 燃料电池混合动力电动汽车是以燃料电池系统与可充电储能系统作为混合动力源的电动汽车。（　　）

12. 燃料电池系统占整车成本的 70% 左右。（　　）

13. 侧面盲区监测是指实时监测驾驶员视野盲区，并在其盲区内出现其他道路使用

者时发出提示或警告信息。（ ）

14. 辅助驾驶时由系统监控驾驶环境。（ ）

15. 频率在 10 ~ 200 GHz 的电磁波，由于其波长在毫米量级，因此处于该频率范围内的电磁波也被工程师们称为毫米波。（ ）

16. 传统汽车底盘主要由传动系、行驶系、转向系、制动系组成。（ ）

17. 电动汽车的制动装置与传统汽车一样，是为汽车减速或停车而设置的。（ ）

18. 传统汽车上的真空源来自汽油发动机的进气歧管，发动机转速对真空度的影响较小。（ ）

19. 电动汽车所用的制动器，一般为前后轮采用盘式制动器，有部分车型前轮采用盘式制动器，后轮采用鼓式制动器。（ ）

20. 变速传动系统是电动汽车驱动子系统的重要部件，指的是驱动电机转轴和车轮之间的机械连接部分。（ ）

四、简答题（每题 5 分，共 30 分）

1. 简述新能源汽车的定义，并写出新能源汽车的类型。

2. 我国新能源汽车补贴政策有哪些？

3. 简述动力蓄电池的性能指标及技术参数。

4. 高压电控总成的主要功能有哪些?

5. 简述电动汽车行驶系的作用。

6. 简述燃料电池的发电原理。

五、综合题（共5分）

根据下图写出纯电动汽车各组成部分的名称。

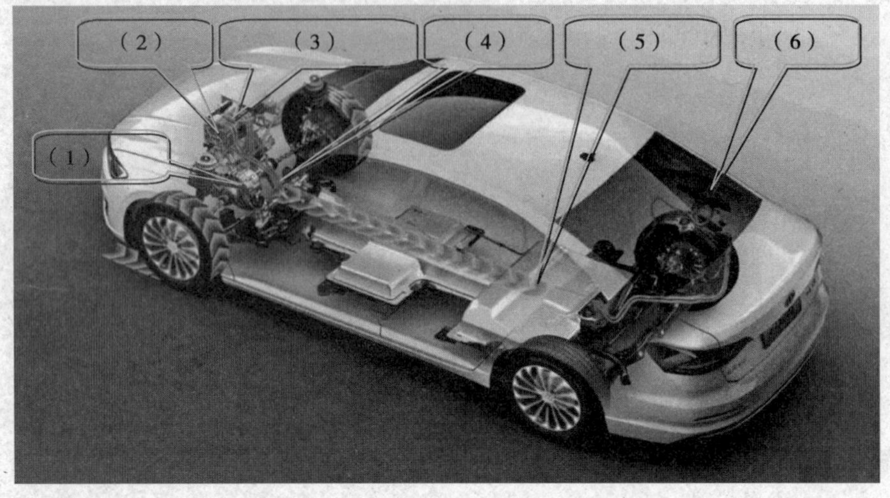

（1）________（2）________（3）________

（4）________（5）________（6）________

综合试卷（二）

一、填空题（每题1分，共25分）

1. 新能源汽车是指采用____________，完全或主要依靠__________驱动的汽车。《节能与新能源汽车产业发展规划（2012—2020年）》中所指的新能源汽车主要包括____________、插电式混合动力汽车及____________。

2. 纯电动汽车由____________、驱动力传动等机械系统，以及完成既定任务的工作装置等组成。

3. 北汽新能源汽车致力于为用户创造电动化、智能化、个性化的极致驾乘体验，其车型主要有________系列、EU系列、EC系列和________四大系列。

4. 电动汽车的种类从最初的__________发展到了今天包括混合动力电动汽车、____________、太阳能电动汽车等多种类型的电动汽车。

5. 我国发展节能与新能源汽车的技术战略已形成“三纵三横”的布局。“三横”是指以电池及电池管理系统、____________、____________为重点突破方向，它是实现不同阶段产业化目标的技术基础。

6. 动力蓄电池的技术参数主要包括电压、________、荷电状态、放电深度、__________、功率与比功率、循环寿命等。

7. 单位质量或单位体积的电池所放出的能量称为__________，也称为能量密度，单位为__________。

8. 纯电动汽车动力驱动系统主要由驱动电机、功率转换器、________、各种检测传感器和电驱动冷却系统等组成。

9. 电动机定子由定子铁芯、__________和机座三部分组成。

10. 电动机转子可分为______________转动方式和外转子转动方式两种。

11. 电动汽车传动系与传统汽车传动系相比取消了离合器，一般由变速器、__________________、主减速器、差速器和半轴等组成。

12. 电动助力转向系由转角扭矩传感器、车速传感器、_________________、EPS 电机等组成。

13. 传统汽车__________的作用是保证汽车按驾驶员选择的方向行驶，主要由转向盘、转向器和转向传动机构等组成。

14. 燃料电池是一种把燃料所具有的________直接转换成________的化学装置，又称电化学发电器。

15. 向前碰撞预警（FCW）功能的退出条件包括驾驶员主动踩制动踏板、____________________________、__________________________。

二、选择题（每题 1 分，共 15 分）

1. 日产聆风为五门五座掀背式轿车，由层叠式紧凑型锂离子电池驱动，在完全充电的情况下可实现（　　）km 以上的续航里程。

A. 180　　B. 170

C. 160　　D. 150

2. 荣威（ROEWE）品牌标志以（　　）三个主要色调构成，整体结构是一个稳固而坚定的盾形，暗寓其产品可信赖的尊贵品质，及上海汽车自主创新、国际化发展的坚定决心与意志。

A. 红、白、金　　B. 绿、黑、金

C. 红、黑、黄　　D. 红、黑、金

3.（　　）年，我国电动汽车研究项目被列入国家“883”计划 12 个重大专项之一。

A. 1997　　B. 1998

C. 1999　　D. 2000

4. 纯电动汽车或混合动力电动汽车任何维护操作都必须（　　），触电事故一旦发生，瞬间丧命。

A. 先上电　　B. 先下电

C. 先开关　　D. 以上都不对

5. 以下不属于三元聚合物锂电池的优点的是（　　）。

A. 能量密度小　　B. 单体电压高

C. 循环寿命长　　D. 热稳定性好

6. 动力蓄电池包属于（　　），在拆卸过程中，工作人员需要进行自身及现场安全防护。

A. 低压部件　　B. 高压部件

C. 安全部件　　D. 以上都不对

7. 电动汽车的再生制动力矩通常不能像传统燃油汽车中的制动系统一样提供足够的制动（　　）。

A. 不变　　B. 加速

C. 减速　　D. 以上都不对

8. 一个影响制动能量回收的因素是，在再生制动时，制动能量通过（　　）转化为电能。

A. 能量　　B. 压力

C. 动力　　D. 电动机

9. 如果真空罐内的真空度小于（　　）kPa，则压力膜片将会挤压触点，从而接通电源，真空泵开始工作；当真空度增加到（　　）kPa 时，压力延时开关断开，然后通过延时继电器使真空泵继续工作，大约（　　）s 后停止。

A. 60、60、80　　B. 120、90、10

C. 55、55、30　　D. 110、110、20

10. 真空助力器的真空气室由带有橡胶膜片的活塞分为常压室与变压室（大气阀打开时可与大气相通），一般常压室的真空度为（　　）kPa（即真空泵可以提供的真空度大小）。

A. 60 ~ 80　　B. 70 ~ 80

C. 50 ~ 80　　D. 30 ~ 80

11. 国产燃料电池技术与国外技术尚有差距，其中核心部件是（　　）。

A. 供氢系统　　B. 电堆

C. 控制系统　　D. 加注系统

12. FCV 所使用的燃料电池一般都是（　　）。

A. 碱性燃料电池（AFC）　　B. 磷酸燃料电池（PAFC）

C. 质子交换膜燃料电池（PEMFC）　　D. 固体氧化物燃料电池（SOFC）

13.（　　）是指自动获取车辆当前条件下所应遵守的限速信息，并实时监测车辆行驶速度，在车辆行驶速度不符合或即将超出限速范围的情况下，适时发出警告信息。

A. 弯道速度预警　　B. 驾驶员疲劳监测

C. 智能限速提醒　　D. 前向车距监测

14. MEMS 陀螺仪（IMU）主要是根据重力和惯性的原理，检测（　　）个方向的加速度和角速度，从而进行物体空间定位的部件。

A. 4　　B. 5

C. 6　　D. 7

15. 旋转变压器中的励磁频率通常有 400 Hz、（　　）Hz 及 5 000 Hz 等。

A. 1 000　　B. 2 000

C. 2 500　　D. 3 000

三、判断题（每题 1 分，共 20 分）

1. 新能源汽车号牌整体以绿色为底色，寓意电动、新能源，绿色圆圈中右侧为电插头图案，左侧彩色部分与英文字母“E”（Electric，指“电”）相似。（　　）

2. 丰田普锐斯的油耗低，环保性能好，适合在山区使用。（　　）

3. 吉利标识内由六块宝石组成，蓝色宝石代表蔚蓝的天空，绿色宝石寓意广阔的大地，双色宝石的组合象征着吉利汽车驰骋天地之间，走遍世界的每个角落。（　　）

4. 2012 年 5 月，国家通过《节能与新能源汽车产业发展规划（2012—2020 年）》，明确提出了实施节能与新能源汽车技术创新工程、科学规划产业布局、加快推广应用和试点示范、积极推进充电设施建设、加强动力蓄电池梯级利用和回收管理五大任务。

（　　）

5. 电动汽车比内燃机汽车发展时间更早。（　　）

6. 绝缘鞋用于拆卸或解除高压部件时的脚部防护。（　　）

7. 在拆装动力蓄电池时不需要对高压作业现场进行隔离。（　　）

8. 在拆装动力蓄电池时，应先断开动力蓄电池负极端子，自放电 30 min。（　　）

9. 高压电控总成只能实现将低压直流电转化为高压直流电，不能将高压直流电转化

为低压直流电。（　　）

10. 双向交流逆变式电机控制器能够实现驱动控制和充电控制。（　　）

11. 电机控制器通过电流传感器实时监测高压系统是否存在漏电现象。（　　）

12. 电动汽车行驶系一般由车架、车桥、车轮和悬架等组成，与传统汽车行驶系基本相同。（　　）

13. 当踩下制动踏板时，连杆关闭一个气门，使空气进入真空助力器中膜片的一侧，同时密封另一侧真空。（　　）

14. 燃料电池是一种利用燃烧来获取能量的高效电化学能转换装置。（　　）

15. 从技术发展现状看，制约燃料电池技术应用的瓶颈主要是电堆耐久性差和生产成本过高。（　　）

16. 激光雷达的发射器发射出一束激光，激光光束遇到物体后，经过漫反射，返回至激光接收器，雷达模块根据发送和接收信号的时间间隔乘以光速，再除以 4，即可计算出发射器与物体之间的距离。（　　）

17. 车道偏离预警（LDW）功能是指实时监测本车与前方车辆车距，并以空间或时间距离显示车距信息。（　　）

18. 电动汽车用动力蓄电池一般在 80%DOD、常温条件下进行循环。（　　）

19. DC/DC 变换器在直流高压输入端接触器吸合后便开始工作，输出标称电压为 12.6 V。（　　）

20. 电动汽车传动系与传统汽车传动系相比取消了离合器，一般由变速器、万向传动装置、主减速器、差速器和半轴等组成。（　　）

四、简答题（每题 5 分，共 30 分）

1. 简述混合动力电动汽车的分类。

2. 简述新能源汽车的技术发展方向。

3. 简述动力蓄电池型号 ICP 383450 的含义。

4. 简述双向交流逆变式电机控制器（VTOG）的主要功能。

5. 简述电动汽车传动系与传统汽车传动系的区别。

6. 简述先进驾驶辅助系统的定义。

五、综合题（每题 5 分，共 10 分）

1. 根据下图所示品牌标识填写品牌名称。

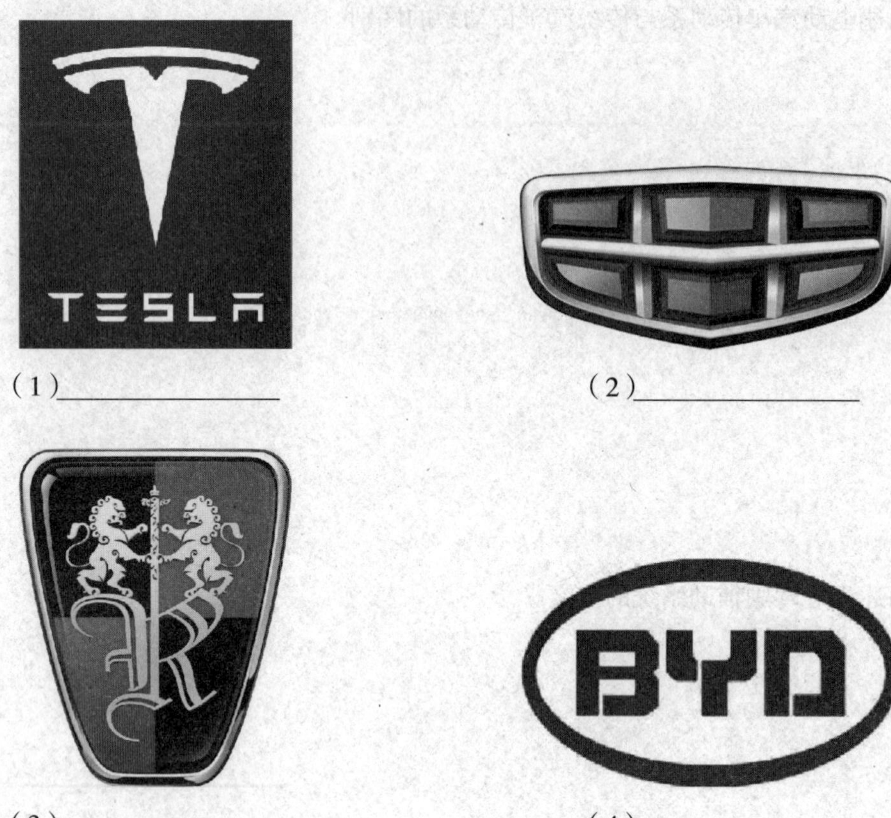

（1）________ （2）________

（3）________ （4）________

2. 结合所学内容，将电机控制器系统的工作过程补全。

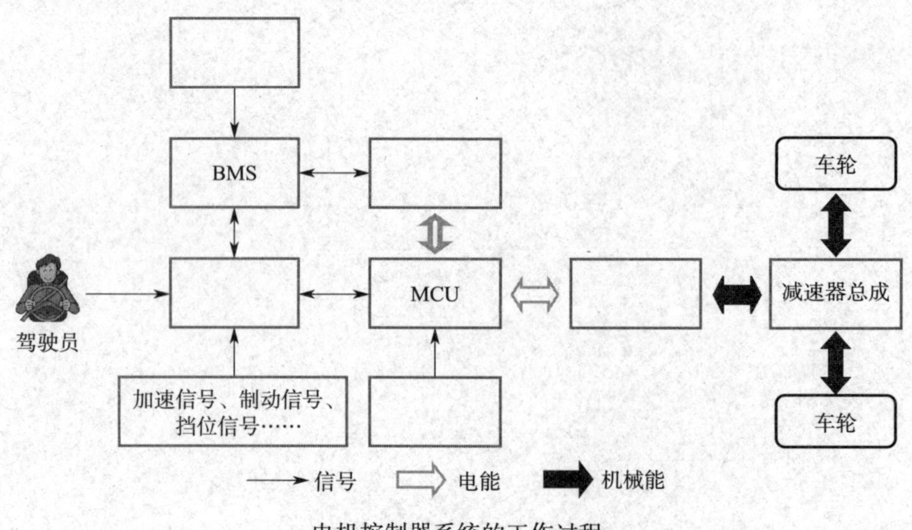

电机控制器系统的工作过程